Blick auf die historische Altstadt mit Pfaffenteich, Dom und Schloß.
View of the historical old town with Pfaffenteich, cathedral and castle.
Vue sur la vieille ville historique avec l'étang Pfaffenteich, la cathédrale, et le château.

Die ersten Aufzeichnungen über Schwerin datieren bereits aus dem Jahr 1018. Das hier lebende slawische Volk der Obotriten mußte 1160 einem deutschen Kreuzfahrerheer sein Land überlassen. Im gleichen Jahr gründete der Eroberer Heinrich der Löwe die Stadt Schwerin. Der Bau des heutigen Domes begann 1270. Im Jahre 1358 wurde das Land Mecklenburg Herzogtum und Schwerin Residenzstadt. Auf der Schloßinsel begann sogleich der Umbau der alten Burg zu einem Schloß. Im 30jährigen Krieg (1618-48) vertrieb man den mecklenburgischen Herzog aus seinem Land. Herzog Friedrich der Fromme verlegte 1756 die Residenz nach Ludwigslust. Unter Großherzog Paul Friedrich kehrte der Hof 1837 wieder nach Schwerin zurück. Da das alte Schloß inzwischen stark verfallen war, begann bald der Umbau. Feierlich bezog 1857 die großherzogliche Familie ihr neues Schloß. Das Museum und das Staatstheater am Alten Garten entstanden in den folgenden Jahren. Nachdem das Elektrizitätswerk am Pfaffenteich den ersten Strom lieferte, konnte ab 1908 die elektrische Straßenbahn zur Freude der Schweriner verkehren. 1918 dankte der letzte Großherzog ab und Mecklenburg wurde ein Freistaat. Den zweiten Weltkrieg überstand die Stadt ohne Kampfhandlungen. Nach amerikanischen und englischen Truppen besetzten russische Truppen die Stadt. Als 1972 der 100 000. Einwohner das Licht der Welt erblickte, durfte sich Schwerin stolz Großstadt nennen.

The first notes about Schwerin are dated back to the year 1018. The Slavic tribe of the Obotrites had to give up their land to the army of a German crusader in 1160. In the same year, the conqueror Henry the Lion founded the town of Schwerin. The construction of the present day cathedral started in 1270. In the year 1358 , the land became the Duchy Mecklenburg and Schwerin the residency. At this time, the reconstruction of the castle started on the castle island. During the Thirty Years War (1618-1648), the Mecklenburg duke was expelled from his land. Grand Duke Paul Friedrich moved the court back to Schwerin in 1837. The old castle had meanwhile fallen into disrepair and soon a rebuilding was started. During the following years, the museum and the theatre were opened. Four years after the electricity works produced the first electricity, the electrical tram was able to start its work to the delight of the Schweriners. The last grand duke abdicated in 1918 and Mecklenburg became a free state. Schwerin came through World War II without hostilities. After American and English troops, Russians occupied the town.
Schwerin became a city when the 100 000th inhabitant was born in 1972.

Les premiers documents concernant Schwerin remontent déjà à l'an 1018. En 1160, le peuple slave des Obotrites qui vivait ici, dut laisser ses terres à une armée de croisés allemands. Dans la même année, Henry „le Lion" fonda la ville de Schwerin. La construction de la cathédrale actuelle commença en 1270. En 1358 le Land de Mecklembourg devint un duché et Schwerin, ville résidentielle. Sur l'île du château on commença alors la transformation de la vieille forteresse pour en faire un château. Pendant la „Guerre de trente ans" (1618-1648) on chassa le duc de Mecklembourg de ses terres. En 1837, le duc Frédéric, le pieux, transféra la résidence à Ludwigslust. Sous le règne du grand-duc Paul Frédéric, la cour revint habiter à Schwerin. Étant donné l'état lamentable du vieux château, on en commença aussitôt la transformation. En 1857 la famille du grand-duc fit somptueusement son entrée au nouveau château pour s'y établir. Le musée et le théatre de la ville, auprès du vieux jardin, furent construits quelques années plus tard. En 1908, la première centrale électrique, une fois installée près de l'étang. „Pfaffenteich", le Tram fut ainsi mis en circulation et cela, à la grande joie des „Schwerinois". En 1918, le dernier grand-duc abdiqua et Mecklembourg devint un Etat libre. La ville survécut à la deuxième guerre mondiale sans combats. D'abord les troupes américaines, puis anglaises occupèrent la ville et finalement les troupes russes. En 1972,à la naissance du 100 000 ème habitant, Schwerin obtint fièrement le droit de porter le nom de grande ville.

Einen besonderen Reiz verleiht der Stadt der unmittelbar im Zentrum gelegene Pfaffenteich. Im 12. Jh. befand sich hier eine moorige Senke, die angestaut wurde. Seinen Namen bekam der Pfaffenteich vom Volksmund. Es kann jedem Besucher nur empfohlen werden, ihn einmal zu umrunden. Am Südufer (2) finden Sie die beliebte Plastik „Schirmkinder" (1) und das Arsenal (4). Am Nordufer steht das alte Elektrizitätswerk, das erstmals 1904 Strom lieferte. An der Ostseite ist eine neugestaltete Terrasse, die zum Verweilen einlädt. Hier steht ein Denkmal des Archäologen Heinrich Schliemann (3), dem Entdecker Trojas. Von hier aus können Sie die zwischen beiden Ufern hin und her pendelnde Fähre „Petermännchen" (5) in aller Ruhe betrachten.

The Pfaffenteich is situated near the center of the city and gives it a spezial appeal. There was a boggy hollow in the ground which was dammed up during the 12th century. The Pfaffenteich received its name from the vernacular. For every visitor, it is recommendable to walk around it at least once. On the south shore (2) one can find the popular sculpture Schirmkinder (1) and the Arsenal (4). The old electricity works on the north shore produced the first electricity in 1904. At the eastern side you find a redesigned terrace inviting you to rest. Here you also find the monument of the archaeologist Heinrich Schliemann (3) and you have the possibility to watch the ferry Petermännchen (5) sailing to and fro.

Le „Pfaffenteich" se trouve a proximité du centre-ville et il lui prête ainsi un attrait tout particulier. Au douzième siècle, il y avait à cet endroit, une dépression de terrain marécageux qui s'y était accumulé. Il doit son nom au langage populaire. Nous conseillons vivement à chaque visiteur d'en faire le tour. Sur la berge-sud (2) vous trouverez la sculpture appréciée „Schirmkinder" (1) et l'Arsenal (4). Sur la berge-nord se trouve la première centrale électrique qui en 1904 produisit pour la première fois le courant. Sur le côte-est une terrasse nouvellement aménagée vous invite à vous prélasser quelques instants. Ici, vous pourrez voir un monument à la mémoire de l'archéologue Heinrich Schliemann (3). De cet endroit vous pourrez observer tranquillement les allées et venues du bac „Petermännchen" (5).

1

2

3

4

5

Den eindruckvollsten Blick auf den Dom haben Sie vom Ufer des Pfaffenteich aus. Majestätisch erhebt sich das Bauwerk über die Häuser der Altstadt. Es ist bereits das dritte Bauwerk an dieser Stelle. 1171 erfolgte die erste Domweihe. 1248 wurde der romanische Dom geweiht und um 1270 begann der Bau des heutigen Domes. In 150 jähriger Bauzeit entstand der gewaltige Backsteinbau. Der Dom ist 105 m lang und im Innern 29,5 m hoch und seit 1552 evangelische Pfarrkirche. Den ursprünglichen kurzen Turm brach man 1889 wieder ab und errichtete einen 117,5 m hohen neugotischen Turm. Nach umfassender Renovierung erstrahlt der Innenraum und die Ladegastorgel (von 1871) wieder im neuen Glanz. In 50 m Höhe befindet sich im Domturm ein Aussichtsrundgang, der über eine Wendeltreppe mit 220 Stufen zu erreichen ist. Von hier aus haben Sie einen phantastischen Blick auf die Altstadt mit ihren Seen.
Im Inneren befinden sich unter anderem Grabmale mecklenburgischer Fürsten, ein gotischer Flügelaltar (1480), eine bronzene Tauffünte (14.Jh.) und das Triumpfkreuz (15.Jh.) aus der 1945 zerstörten Wismarer Marienkirche.

The most impressive view of the cathedral is from the shore of the Pfaffenteich. The building rises majestically over the houses of the old town. It is already the third cathedral construction on this site. In 1171, the first building was put up. The consecration of the Romanesque cathedral was in 1248. The construction of the present day cathedral started in 1270 and an impressive brick structure was created during a period of 150 years. The cathedral has an height of 105 m and inside it is 29,5 m high. It has been a Protestant parish church since 1552. The original short tower was replaced in 1889 by a neo-Gothic tower which measures 117,5 m. The interior room shines in a new brilliance after an extensive restoration. At a height of 50 m, there is a viewing plattform which can be reached via a circular staircase of 220 steps. From here, you have a marvelous view of the city and its lakes. Inside the cathedral there are tombs of the Mecklenburg princes, a gothic wing altar (1480), a front (14th century) and a triumph cross (15th century). The latter came from St.Mary's Church in Wismar which was destroyed in 1945.

Si vous voulez avoir la plus belle vue sur la cathédrale, c'est du „Pfaffenteich" que vous l'aurez. Cet édifice domine majestueusement les maisons de la vieille ville. C'est précisément la troisième construction de la cathédrale à cet endroit. En 1171 eut lieu la première inauguration, en 1248 fut inauguré la cathédrale romaine et vers 1270 fut commencée la con-

struction de l'actuelle cathédrale. Le colosse en briques rouges fut érigé en l'espace de 150 ans. La cathédrale a une longueur de 105 mètres et sa hauteur intérieure est de 29,5 mètres. Depuis 1552 elle est église paroissiale protestante. En 1889 on cassa le clocher court, d'origine, et on construisit à sa place un nouveau clocher néo-gothique de 117,5 mètres de hauteur. Après de grandes rénovations, la nef et l'orgue de Ladegast (de 1871) resplendissent d'un nouveau brillant. A 50 mètres de hauteur, on peut faire le tour du clocher en passant par un escalier à colimacons de 220 marches. D'ici vous aurez une vue fantastique sur la vieille ville et sur ses lacs.
Entre autre vous pourrez voir les tombeaux des princes de Mecklembourg, un retable à volets gothique (de 1480) un fond baptismaux en bronze (14 ème Siècle) et la croix de triomphe (15 ème Siècle) de l'église St. Marie de Wismar qui fut détruite en 1945.

Auf dem Markt (1) angekommen, fällt einem sofort das „Säulengebäude" (2) ins Auge. Offiziell heißt es „Neues Gebäude" und wurde auf Geheiß Herzogs Friedrich des Frommen von 1783–85 als Markthalle erbaut. Davor steht seit 1994 ein Denkmal (5), das an den Stadtgründer Heinrich den Löwen erinnern soll. Rechter Hand befindet sich das Rathaus. Hofbaurat Demmler setzte 1835 vor vier Giebelhäuser eine Fassade im Tudorstil und schuf so ein repräsentatives Bauwerk. Auf der mittleren Zinne steht eine vergoldete Statue, die den Stadtgründer Heinrich den Löwen darstellt. An der Rückseite des Rathauses befindet sich ein Glockenspiel, das täglich um 12 Uhr ertönt. In einem Nachbarhaus finden Sie die Stadtinformation. Vom Markt aus starten die Minibusse zu ihren Stadtrundfahrten.
Der Durchgang am Rathaus führt Sie auf den Schlachtermarkt (4). Unter den stattlichen Linden ist immer Wochenmarkt. Der Brunnen mit dem Stier (3) symbolisiert das mecklenburgische Wappentier.

When you arrive at the market (1), the first building you will notice is the Säulengebäude (column building). It is officially called New Building and was built by Duke Friedrich the Pious as a covered market from 1783 to 1785. In front there is a statue of Henry the Lion, the founder of the town. On the right side of the building is the townhall. Another remarkable aspect on the market is the Tudor facade of four gable houses. The architect Demmler had the idea for it in 1835. On the middle tower you can see a gold - plated statue of Henry de Lion. The chimes carillon on the back side of townhall are worth listening to. They can be heard every full hour. You will find the Schwerin Information Office in a neighbouring house. The minibuses for the sightseeing tours also start here.
Through the passage at the townhall you can reach the (4) Schlachtermarkt (butcher's market), where a weekly market is held throughout the year. In the center of the market place is a well with a bull (3), the animal on the coat of arms.

Arrivés au marché (1), vous découvrirez le bâtiment à colonnes (2) qui vous tapera tout de suite à l'oeil. Il est appelé officiellement le „nouveau bâtiment" et fut construit comme marché aux halles de 1783 à 1785, sur ordre de Frédéric le pieux. Devant, depuis 1994, un monument rappelle Henry le lion, le fondateur de la ville. A droite, l'hôtel de ville. Demmler, le conseiller du service d'urbanisme de la cour fit mettre devant quatre maisons à pignons une fassade en style Tudor et créa ainsi un édifice représentatif. Sur le créneau du milieu se trouve une statue qui rappelle le fondateur de la ville, Henry le lion. Sur la façade arrière, il y a un carillon qui sonne à chaque heure pleine. Le bureau d'informations se trouve dans une maison voisine. Les minibus partent de la place du marché et vous invitent à faire le tour de la ville.
Le passage près de la mairie vous conduit au marché des bouchers (4). Le marché a toujours lieu sous les imposants tilleuls. La fontaine au taureau symbolise l'animal héralddique mecklembourgeois.

1

2

3

4

5

Auf dem Weg vom Stadtzentrum zum Schloß gehen Sie über den Alten Garten. Ihn umgeben eine Reihe repräsentativer Gebäude. Seinen Namen hat er von einem hier 1633 angelegten Garten. Der Fachwerkbau, an der Ecke zur Schloßstraße, ist das Alte Palais. Das Mecklenburgische Staatstheater entstand nach Plänen des Hofbaumeister Demmlers 1886. Das Halbrund des Platzes wird durch das Staatliche Museum abgeschlossen, das von 1877-82 im neoklassizistischen Stil erbaut wurde. Heute finden Sie hier eine umfassende Sammlung niederländischer Malerei des 17.Jh, das Kupferstichkabinett mit Grafiken vom 15.Jh. bis zur Gegenwart, eine geschlossene Sammlung Meißener Porzellan vom 18. Jh. bis zur Gegenwart und moderne Kunst.

On the way from the market to the castle you cross the Alter Garten. There you can see various remarkable buildings. The name Alter Garten dates back to the year 1633, when there was a garden on this site. The half - timbered house on the corner to the Schloßstraße is the Alte Paleis. The theater was built on the plans of the architect Demmler and the final construction was completed in 1886. The semicircle of the square Alter Garten is completed by the museum, which was built in a neo - classicistic style from 1877 to 1882. Today, there is an extensive collection of Flemish paintings from the 17th century, a copper plated cabinet with graphics from the 15th century up to the present, a collection of Meißner porcelain from the 18th century to the present, as well as modern art.

En allant du centre - ville au château, vous traverserez le vieux jardin. Il est entouré de plusieurs bâtiments représentatifs. Il porte le nom d'un jardin planté ici en 1633. Le Vieux Palais est le bâtiment à colombage au coin de la rue du château (Schloßstraße). Le Théatre national fut érigé selon les plans de l'architecte de la cour, Demmler, en 1886. La place en demi - lune est fermée par le Musée national en style néo-classique construit de 1877 à 1882. Vous y trouverez une collection importante de peintres des Pays Bas du XVII ème siècle, le cabinet aux estampes avec des gravures, du XV ème siècle à l'époque actuelle, une collection complète de porcelaine de Meißen, du XVIII ème siècle à l'époque actuelle et de l'art moderne.

Alter Garten mit dem Mecklenburgischen Staatstheater.
The Alter Garten with the Mecklenburg Theatre.
Vieux jardin avec le Théatre National mecklembourgeois.

Das Schweriner Schloß auf der Schloßinsel im Schweriner See.
The castle on the Castle Island situated in Lake Schwerin.
Le château de Schwerin sur l´île du château au milieu du lac de Schwerin.

Das Schweriner Schloß im Stil des Historismus gilt als Wahrzeichen der Landeshauptstadt. In seiner heutigen Form entstand es von 1843-57, unter Einbeziehung von alten Gebäuden, die teilweise noch aus dem 14. Jh. stammten. Der Hofbaumeister Demmler holte sich Anregungen bei englischen und französischen Schlössern. Nach dem französischen Schloß Chambord an der Loire gestaltete er letztendlich seinen Entwurf. Am 14. Dezember 1913 brach im Schloß ein Feuer aus, in dessen Folge leider der schönste Raum – der Goldene Saal – vollständig vernichtet wurde. Er konnte bis heute nicht wieder hergestellt werden. Der letzte Großherzog dankte 1918 ab und das Schloß ging in den Besitz des Staates über, der ab 1921 alle historischen Räume der Öffentlichkeit zugänglich machte. Zum Schloßmuseum gelangen Sie über das Gartenportal. Unter den zu besichtigenden Räumen sind der Thronsaal und die Ahnengalerie besonders sehenswert. Einen Großteil der Schloßräume nutzt seit 1990 der Landtag.

The castle, built a historicismic style, is a landmark of Mecklenburg. Its present from was developed from 1843 to 1857, under inclusion of old parts which partially stem from the 14th century. The architect Demmler got his ideas from visits to English and French castles. His final design for the castle is based on the French castle Chambord on the Loire. On the 14th December, 1913, a fire broke out, and the most beautiful room - the Golden Hall, was completely destroyed. It has not been possible to rebuild it to this day. The last grand duke abdicated in 1918, and the castle became property of the State. After 1921, it was possible to visit all historic rooms of the castle. You can reach the castle museum through the garden portal. Of the rooms open to the public, the Throne Room and the Ancestral Gallery are especially worth seeing. The Landtag (Parliament of Mecklenburg) has used a large number of the rooms since 1990.

Le Château de Schwerin, au style de l'historisme, est le symbole de la capitale du Mecklembourg. Il a été construit tel qu'il est aujourd'hui de 1843 à 1857 en incluant les vieux bâtiments qui datent en partie du XIV ème siècle. L'architecte de la cour, Demmler, s'inspira des châteaux anglais et français. Finalement, il fit ses plans d'après un château de la Loire, le château de Chambord. Le 14 décembre 1913, le château prit feu et à la suite de cet incendie, la salle dorée, une des plus belles pièces du château, fut malheureusement complètement détruite par les flammes. Jusqu'à maintenant on n 'a pas pu la reconstruire. Le dernier grand - duc abdiqua en 1918 et le château devint propriété de l'Etat, qui en 1921,mit toutes les pièces historiques à disposition du public. Vous arriverez au musée du château par le portail du jardin. Parmi les pièces les plus intéressantes à visiter, vous verrez la salle du thrône et la galerie des ancêtres. Depuis 1990, le gouvernement utilise une bonne partie des pièces du château.

Stadtfront des Schweriner Schlosses
View of the castle from the city
Partie frontale du château de Schwerin

Die Schloßkirche entstand von 1560-63. Von dem abgerissenen Vorgängerbau übernahm man nur die Glocke. Der Eingang zur Kirche befindet sich auf dem Schloßinnenhof. Besichtigungen sind leider nur über eine Voranmeldung beim Schloßmuseum möglich.

The castle church was built between 1560 and 1563. Only the bell was used from the former church. The entrance to the church is from the castle courtyard. Unfortunately, you can only visit the church after making an appointment at the castle museum.

La chapelle du château fut construite de 1560 à 1563. L'édifice précédent fut détruit et on n'en garda que la cloche. L'entrée de la chapelle se trouve dans la cour intérieure du château. Pour la visiter, il faut en faire auparavant la demande au musée du château.

Seit 1855 steht das Reiterstandbild Niklots in einer offenen Halle über dem Schloßeingang. Niklot gilt als Stammvater der mecklenburger Dynastie. Er war der letzte Fürst des slawischen Stammes der Obotriten, die das westliche Mecklenburg und Ostholstein bewohnten.

Since 1855, the statue of Niklot on horseback has stood in an open hall. Niklot is said to be the progenitor of the Mecklenburg dynasty. He was the last prince of the Slavic tribe of the Obotrites, who lived in west Mestmecklenburg and east Holstein.

Dans un hall ouvert au dessus de l'entrée du château, vous pouvez voir la statue équestre de Niklots. Niklots fut considéré comme patriarche de la dynastie mecklembourgeoise. Il fut le dernier prince de la tribu des slaves obotrites qui habitaient l'ouest du Mecklembourg et l'est du Holstein.

Seeseite des Schweriner Schlosses
Lake side of the castle
Château de Schwerin, côté lac

Blick über den Schloßgarten mit dem Kreuzkanal.
View over the castle garden and the Kreuzkanal (cross channel)
Vue sur le jardin du château avec le canal (Kreuzkanal)

Der Schloßgarten ist aus einem Obstgarten hervorgegangen und wurde später in einen Lustgarten umgewandelt. Die entscheidende Umgestaltung mit dem Kreuzkanal geht auf Entwürfe des französischen Architekten Jean Legeay zurück. Die an den Ufern stehenden 14 Plastiken sind Kopien der 1752 erworbenen Originale, die Allegorien der vier Jahreszeiten und antike Götter darstellen. Das bronzene Reiterstandbild (5) des Großherzogs Friedrich Franz II. steht seit 1893 hier. Der Pavillon (4) ist heute ein Café. Von dort erreichen Sie über einen Kanal (2) hinweg den Grünhausgarten mit der Marmorfigur (1) der Großherzogin Alexandrine.
Hinter dem Grünhausgarten finden Sie die mit Wasserkraft angetriebene Schleifmühle (3), ein funktionierendes technisches Denkmal.

The castle garden was originally an orchard and later designed into a pleasance - ground. Plans of the French architect Jean Legeay were the basis of the garden's redesign into a park with the Kreuzkanal. The 14 sculptures on the shores are copies of the originals bought in 1752. They express the allegory of the four seasons and the gods of antiquity. In 1893, the bronze equestrian statue of Grand Duke Friedrich Franz II (5) were placed in the garden. Nowadays, the pavillon (4) is a café. From there, you cross a bridge to reach the green house garden with the marble figure of Grand Duchess Alexandrine (1). A few steps behind the garden, you find the grinder's mill (3). A water wheel still drives the fully functional grinding machinery.

Le parc du château est issu d'un ancien jardin fruitier et plus tard il fut transformé en jardin de plaisance. La plus importante transformation avec le canal (Kreuzkanal) remonte aux plans de l'architecte Francais Jean Legeay. Les 14 statues qui sont sur les rives sont des copies des originaux de 1752, les allégories des quatre saisons et représentent des dieux de l'antiquité. Depuis 1893 on peut y voir la statue équestre en bronze de Frédéric-François, le deuxième (5). Aujourd'hui, le pavillon est un café. De cet endroit vous pourrez arriver au jardin „Grünhausgarten", où vous pourrez voir la statue en marbre de la grande - duchesse Alexandrine (1).
Derrière ce jardin, vous découvrirez le moulin à meule entraîné par une roue â eau (3), un monument technique encore en fonctionnement.

1

2

3

4

5

Das ehemalige Dorf Zippendorf liegt am Südende des Schweriner Sees und ist schon seit Jahrzehnten ein beliebter Ausflugsort. Man nennt es auch die Badewanne Schwerins, da hier ein breiter Sandstrand ist. Direkt gegenüber liegen die beiden Inseln Kaninchen- und Ziegelwerder. Zahlreiche Cafés erwarten im Sommer die Gäste. Besucher sollten den Fußweg vom Schweriner Schloß aus nach Zippendorf wählen. Auf dem Franzosenweg, immer am Seeufer entlang, gelangen Sie in etwa 45 Minuten hierher. Auf halber Strecke können Sie zum Zoo abbiegen.

The former village of Zippendorf is situated at the south shore of the Lake Schwerin. It has been a popular destination for decades. Zippendorf is also called the bathtub of Schwerin, because of its broad sandy beach. Directly opposite are the islands Kaninchenwerder and Ziegelwerder. Numerous cafés await their guests during the summer. Visitors should choose the Franzosenweg to reach Zippendorf in a 45 minute walk along the lake shore. At half distance, one can turn right and pay a visit to the Zoo.

L'ancien village de Zippendorf se trouve aux confins -sud du lac de Schwerin et demeure, depuis des dizaines d'années un lieu d'excursions apprécié. On l'appelle aussi „la baignoire de Schwerin" à cause de sa large plage sabloneuse. En face, les deux îles, Kaninchen et Ziegelwerder. En été, de nombreux cafés attendent leurs hôtes. Nous conseillons aux visiteurs d'emprunter le chemin de randonnée qui part du château et conduit à Zippendorf. Après 45 minutes de marche en longeant le lac par le Chemin des Francais, vous arriverez à Zippendorf. A mi-chemin vous pouvez bifurquer pour accéder au Zoo.

Das Freilichtmuseum Schwerin-Mueß zeigt die einstigen Arbeits- und Lebensbedingungen der mecklenburgischen Landbevölkerung. Der Aufbau begann 1965 auf einem aus dem 17. Jh. stammenden Bauernhof. Heute stehen hier 16 Gebäude, von denen die meisten besichtigt werden können, z. B. ein Bauernhaus mit Ziehbrunnen, ein Backofen, eine Schmiede, eine Dorfschule, ein Spritzenhaus, ein Bienenschauer und der Kräutergarten. Im Kunst-Katen werden wechselnde Ausstellungen gezeigt. Geöffnet ist das Museum von Mai bis Oktober täglich außer montags.

The Mueß Open-Air Museum shows the working and living conditions of the rural population of Mecklenburg. Construction of the museum was started in 1965 on a farmhouse dating from the 17th century. Today, there are 16 buildings, of which most can be visited; for example a farmhouse with a well, an oven, a smithy, a village school, a fire station, an apiary and an herbal garden. Changing exhibitions are on dislpay in the art cottage. The museum is open, Tuesdays through Sundays, from May to October.

Le musée de plein air de Schwerin-Mueß-montre les conditions de vie et de travail de la population mecklembourgeoise. L'édification débuta en 1965 sur une ferme mecklembourgeoise du XVII ème siècle. Aujourdh'hui il y a 16 bâtiments qui, pour la plupart, peuvent être visités, par exemple une ferme avec un puits, un four, une forge, une école de village, un dépôt de pompes à incendie, un rucher, et le jardin potager. Une grange sert aux expositions d'art diverses. Le musée est ouvert de mai à octobre, tous les jours, sauf le lundi.

Freilichtmuseum Schwerin-Mueß / Kunstkaten in einer Scheune aus dem 18. Jahrhundert
The Mueß Open-Air Museum/ art cottage with a barn of the 18th century
Musée de plein air de Schwerin-Mueß/ grange culturelle du XVIII ème siècle

Freilichtmuseum Schwerin-Mueß / Museumshof mit Ziehbrunnen
The Mueß Open-Air Museum/ courtyard with a well
Musée de plein air de Schwerin-Mueß/ Cour du musée avec puits

Im Jahre 1852 kam das Dampfschiff „Alban“ aus Plau nach Schwerin. Dieses Schiff war ein Passagier - Raddampfer, das erste in Mecklenburg hergestellte Dampfschiff. Nach einigen Probefahrten legte es am 15. August 1852 zur ersten offiziellen Fahrt nach Zippendorf ab. Die Abfahrtstelle war schon damals die Schloßbucht. Heute stehen fünf moderne Schiffe für Ausflugsfahrten zur Verfügung. Die „Mecklenburg“, das älteste Schiff von 1926, pendelt stets nach Zippendorf und zur Insel Kaninchenwerder.

The steamship „Alban“ comes to Schwerin from Plau am See. This ship was the first passenger paddle wheel steamer built in Mecklenburg. The official voyage to Zippendorf took place on the 15th August, 1852. Then as now, the departure point was the castle inlet. Today, there are five modern ships available to take a trip across the lake. The oldest ship, the „Mecklenburg“, was constructed in 1926. It shuttles between Zippendorf and the island of Kaninchenwerder.

En aôut 1852 le bateau à vapeur „Alban“ arriva de Plau à Schwerin. Ce bateau était un bateau à vapeur à roue pour passagers, le premier de son genre, fabriqué au Mecklembourg. Après quelques voyages-essai, le bateau fit son premier voyage officiel le 15 août 1852, en direction de Zippendorf. Autrefois, le point de départ était déjà la baie du château. Aujourd'hui, 5 bateaux mouches modernes sont à votre disposition pour faire des excursions. Le plus vieux de tous, „le Mecklembourg“, fait toujours la navette entre Zippendorf et l'île de Kaninchenwerder.

Blick auf den Schweriner Stadtteil Großer Dreesch.
View of the district of Großer Dreesch.
Vue sur un quartier de la ville nommé „Großer Dreesch".

Um die Jahrhundertwende diente das nahe der Stadt gelegene Gelände des Großen Dreesches der Schweriner Garnison als Exerzierplatz. Ab 1971 begann im stark landwirtschaftlich geprägten Mecklenburg und besonders in Schwerin der Aufbau großer Industriebetriebe. Die vielen Beschäftigten mußten auch irgendwo wohnen und so entstand hier Schwerins größter Stadtteil für 60 000 Einwohner. In drei Abschnitte gegliedert, die „Großer Dreesch“, „Neu Zippendorf“ und „Mueßer Holz“ heißen, wohnen hier heute zahlreiche Schweriner. Vom Stadtzentrum aus gelangt man bequem mit der Straßenbahn hierher.

From 1971, the construction of large industrial undertakings were startet in the agriculturally dominated Mecklenburg. The large number of employees had to live somewhere, so the Großer Dreesch was built. It is the biggest district in Schwerin with more than 60 000 inhabitants and is subdivided in three parts; the Großer Dreesch, Neu Zippendorf and Mueßer Holz. Here, nearly every second Schweriner lives. From the town centre you can it easily by tram. At the turn of the century, the area of the Großer Dreesch was used by the garnision as a parade ground.

En 1971, on commença également à installer de plus en d'usines industrielles dans le Mecklembourg agricole et à Schwerin. Les nombreux employés ayant besoin de logements, on construisit le „Großer Dreesch“, le plus grand quartier de Schwerin, un quartier pour 60.000 habitants. Un habitant sur deux habite dans un des trois quartiers de Schwerin, soit au „Großer Dreesch“, à „Neu Zippendorf“ ou bien à „Müeßer Holz“. Du centre-ville, Il est facile d'y accéder en prenant le tram. Vers la fin du sièsle, le terrain du „Großer Dreesch“ servait de lieu d'exercice à la garnision de Schwerin.

Blick auf den Schweriner Stadtteil Lankow.
View of the district of Lankow.
Vue sur le quartier de la Ville de Schwerin, „Lankow".

Blick über das Schweriner Schloß, den Alten Garten und den Marstall.
View over the castle, the Alter Garten and the Marstall (royal stables).
Vue sur le château de Schwerin, le vieux jardin et les écuries.

Der Schweriner Innensee bei Rabensteinfeld mit den Inseln Kaninchen-und Ziegelwerder.
The inner lake Schwerin near Rabensteinfeld with the islands of Kaninchenwerder and Ziegelwerder.
Le Lac intérieur de Schwerin près de Rabensteinfeld avec les îles Kaninchen et Ziegelwerder.

Einen entscheidenden Anteil am Naturreichtum des Landes Mecklenburg - Vorpommern haben die Seen. 2063 Seen über einen Hektar Größe gibt es. Schwerin hat in seinem Stadtgebiet 12 Seen. Einige sind durch Kanäle miteinander verbunden und so können interessante Rundreisen unternommen werden. Selbst ein Start mit dem Boot von Schwerin aus in die weite Welt ist möglich, da der Schweriner Innensee über den Störkanal und die Müritz-Elde-Wasserstraße mit der Elbe verbunden ist, die in die Nordsee fließt.
Der größte See ist der Schweriner See mit einer Fläche von 62 km^2. Seit dem Bau des Paulsdammes (1842) teilt er sich in den Innen- und Außensee. Die tiefste Stelle beträgt 51 m. Im Außensee vor Bad Kleinen befindet sich die Insel Lieps und im Innensee vor dem Zippendorfer Strand die beiden Inseln Kaninchenwerder und Ziegelwerder.

The lakes in Mecklenburg-Vorpommern build an important part ot the natural reaches of the land. There are 2063 lakes which have a size of more than one hectare. The city of Schwerin has 12 lakes. Some are connected by canals and so it is possible to take interesting tours. It is even possible to start a voyage from Schwerin to the farthest reaches of the world, because the inner lake Schwerin is connected via the Störkanal with the Elde, the Müritz waterway and the Elbe, the latter of which flows into the North Sea.
The biggest lake is Lake Schwerin with an area of 62 square kilometers. Since the construction of the Paulsdamm in 1842 it has been subdivided into an inner and outer lake. The deepest point is 51 m.
The island of Lieps is situated in the outer lake near Bad Kleinen and the two islands Kaninchenwerder and Ziegelwerder in the inner lake near Zippendorf.

Les lacs participent d'une facon importante à la richesse naturelle du land de Mecklembourg-Vorpommern. Il y a 2063 lacs de plus d'un hectar de superficie. La ville de Schwerin possède, à elle seule, 12 lacs. Quelques uns sont reliés entre eux par des canaux et ainsi, il est possible d'y faire des tours intéressants. Il est même possible d'atteindre le vaste monde en bateau car le lac intérieur de Schwerin est relié à l'Elbe par le canal de Stör, par l'Elde-Müritz, une route navale, qui comme on le sait, coule en Mer du Nord.
Le plus grand lac est le lac de Schwerin. Il a superficie de 62 km^2. Depuis la construction du barrage de Paul, il se sépare en deux lacs-le lac intérieur et le lac extérieur. L'endroit le plus profond est de 51 m.
Dans le lac exrérieur avant Bad Kleinen se trouve l'île de Lieps et avant Zippendorf, dans le lac intérieur, les deux îles de Kaninchenwerder et de Ziegelwerder.